Ida Bohatta

Blümlein im Winter

ars edition

Ein Blümlein hat verschlafen
und kam zu spät zum Blühen,
nun ist es arg vom Sturm zerzaust
und seufzt nach all dem Mühen:
»Ich stehe nächstens früher auf,
so zeitig wie die Rose!«
Doch dann schläft's wiederum zu lang
und blüht als Herbstzeitlose.

»Wohin mußt du dich drehen?«
»Stets in die Sonne sehen.«
»Wie trinkst du dich denn satt?«
»Ich sammle Tau im Blatt.«
»Und wie gehst du zur Ruh?«
»Ich schließ' die Blüte zu.«
»Wie machst du Menschen Freud'?«
»Mit meinem Blütenkleid.«

»Wie können Blumen wissen,
wie heut das Wetter wird?
Es hat doch auch der Wetterfrosch
sich wiederholt geirrt.«
»Drum nimm hier diese Haube,
sie soll dein Krönchen sein.
Sie schließt sich, wenn es regnet,
geht auf bei Sonnenschein.«

»Ich bin nicht schön«, Kamille seufzt,
»und bin zu gar nichts gut.«
Da heilt ihr Tee Vergißmeinnicht
und gibt ihr wieder Mut.
Nun blüht sie gleich von neuem auf,
entfaltet Blatt für Blatt,
um einem Kind zu helfen,
das etwas Bauchweh hat.

Auf und nieder, auf und nieder,
langsam erst und dann geschwind,
tief sich bücken, hoch sich strecken,
so übt ein jedes Blumenkind.
Hast du nicht schon selbst gesehen,
wie sie sich im Winde neigen,
und allen, die, vorübergehn,
ihr Farbenkleid gern zeigen?

»Was hast du vor? Was fällt dir ein?
Du siehst doch, daß es schneit.
Jetzt ist zum Ruhn und Schlafen
und nicht zum Blühn die Zeit!«
»Die Welt ist ohne Blumen grau,
da muß etwas geschehn.
Die Menschen wollen doch so gern
mal wieder Blüten sehn.«

»Ich möcht so gerne reisen –
muß blühn an einem Fleck.«
»Dann schick doch deine Kinder
mit kleinen Schirmchen weg.
Die schöne Welt zu sehen
wird sie dann niemand hindern,
und was dir selbst nicht möglich ist,
das tun dann deine Kinder.«

Schneeglöckchen steht ganz früh schon auf,
die Welt liegt noch im Dunkeln.
Und in der klaren Winternacht
die hellen Sterne funkeln.
Noch ist der Garten tief verschneit
und es ist bitterkalt.
Doch wer das Glöckchen blühen sieht,
weiß: Frühling wird's nun bald.

Bohatta-Bilderbücher
zum Aussuchen,
für Kinder gemalt
und geschrieben
für die Weihnachtszeit
und den Winter

Bohatta: Blümlein im Winter
  Bei den Wurzelmännlein
  Eisbärli
  Eismännlein
  Heinzel wandert durch das Jahr
  Die Himmelsküche
  In den Wurzelstübchen
  Mäuschensorgen
  Piep und Maus im Winter
  Sankt Nikolaus
  Schneeflöckchen
  Sternschnuppen
Helwig: Lebkuchen-Märchen
  Weihnachtsengelein
Schmid: Es hat sich eröffnet
  Sankt Nikolaus kommt
Scholly: Schnee und Eis

ars edition

© MCMLXVII ars edition · Alle Rechte vorbehalten
Ausstattung und Herstellung ars edition
Printed in West-Germany · ISBN 3-7607-6006-6